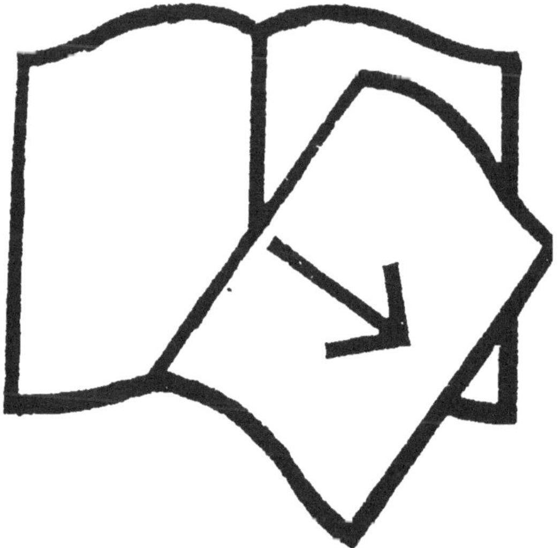

Couvertures supérieure et inférieure
manquantes

COMPTES INÉDITS

D'UN VOYAGE FAIT EN ITALIE, EN 1573

POUR Y FAIRE UNE ENQUÊTE SUR LA MORT

DE GILLES CHASTEIGNER

Sgr du Breuil de Challans, la Jarrie, la Motte-Fouquerand, la Merlatière, la Faguelinière, et autres lieux,

ASSASSINÉ PRÈS DE PLAISANCE EN 1572

PUBLIÉS AVEC DES NOTES

Par le Vicomte PAUL DE CHABOT

COMPTES INÉDITS

DE

GILLES CHASTEIGNER

Eⁿ compulsant dernièrement les dossiers relatifs aux familles du Poitou, conservés, à Paris, à la Bibliothèque Nationale; dans la collection intitulée : « *Nouveaux d'Hozier* » une des plus importantes et des plus interessantes du Cabinet des Titres, nous avons trouvé le compte d'un voyage fait en Italie pour y diriger une enquête sur la mort de Gilles Chasteigner, sgr du Breuil de Challans, de la Jarrie, de la Mothe Fouquerand, la Merlatière, la Faguelinière et autres lieux, assassiné près de Plaisance, en 1572.

Cette pièce nous a semblé avoir d'autant plus d'intérêt que Duchesne, dans sa généalogie de la maison de Chasteigner, le fait mourir de maladie, à Bologne,[1] tandis que ce document prouve qu'il fut assassiné près de Plaisance. Il pourra être utile à ceux qui s'occupent de l'histoire de notre province et de ses familles illustres.

C'est en quelque sorte, comme on le verra, un journal relatant jour par jour les dépenses faites à chaque étape, de ce voyage entre-

[1] *Histoire généqlogiqae de la maison des Chasteigners,* seigneurs de la Chasteigneraye, de la Rochepozay, de Saint-Georges-de-Rexe, de Lindoys, de la Rochefaton, et autres lieux, justifiée par Chartes de diverses Eglises, arrests de la cour de parlement, tiltres domestiques et autres bonnes preuves, par André du Chesne, géographe du Roy. — Paris, Sébastien Cramoisy 1634, page 558.

pris sur l'ordre de François de Beaumont, sgr des Dorides et de la Macairière[1], mari de Nicole Chasteigner, sœur du dit Gilles Chasteigner, dernier représentant de la branche du Breuil de Challans.

Nous n'avons pu trouver la date exacte de la naissance de Gilles Chasteigner, sgr du Breuil de Challans, la Jarrie, la Merlatière, la Faguelinière et autres lieux, fils de René Chasteigner, sgr des dits lieux et de Françoise Faguellin, sa femme. Nous savons cependant, qu'il était encore en bas âge, le 17 octobre 1558, époque où il avait déjà perdu ses père et mère, puisqu'à cette date, ses parents paternels et maternels, assemblés, devant le Sénéchal de la Baronnie de Commequiers, nommèrent tuteur et curateur, pour lui et pour sa sœur Nicole, Gilles Chasteigner, écuyer, sgr de Saint-Fulgent, leur oncle paternel, par provision seulement, et en attendant que le dit sénéchal ait rendu son jugement au sujet des constestations intervenues, à raison de la dite curatelle, entre demoiselle Marie de la Muce dame de la Clartière et demoiselle Marie Gourdeau, dame de la Raslière, aïeules paternelles des dits mineurs[2].

Le 25 octobre 1571, étant alors majeur il fit ses partages, avec François de Beaumont, mari de Nicole Chasteigner, sa sœur, sgr, et dame des Dorides et de la Macairière, d'une part, et demoiselle Perrette Chabotte, dame de la Chaboterie, d'autre part, par devant Dorion et Garendeau, notaires de la baronnie d'Aspremont, de plusieurs domaines qui avaient appartenu à Jean Faguellin, écuyer, et à demoiselle Marie Gourdeau, vivant, sgr et dame de la Faguellinière et de Raslière, aïeul et aïeule des parties.

Peu de temps après ces partages, Gilles Chasteigner partit pour l'Italie, où il fut assassiné, près de Plaisance, en 1572, laissant un testament, daté du 24 novembre 1572, par lequel, après avoir fait divers legs, il institue, son heritière universelle, sa sœur unique, Nicole Chasteigner[3] femme de noble et puissant François de Beaumont, sgr, des Dorides. Tous les biens de cette branche de la maison de Chasteigner passèrent ainsi dans la maison de Beaumont.

Vte PAUL DE CHABOT.

[1] François de Beaumont, chev. sgr. des Dorides, la Macairière, etc, fut chevalier de l'Ordre du Roi et gentilhomme ordinaire de la chambre du Roi. Il était fils de Philippe de Beaumont chev. sgr, des Dorides, Luzay, chev. de l'Ordre du Roi et de Marie Macaire. (B. F.)

[2] *Histoire généalogique de la maison des Chasteigners*, par du Chêsne, p. 558.

[3] Elle fit son testament, le 9 janvier 1505, ce testament est conservé à la Bibliothèque Nationale. Cab. des Titres, Nouv. d'Hoz. vol. 92, dossier 1801. fol. 77.

COMPTES

C'est le compte que par devant vous noble et puyssant Françoys de Beaumont[1], seigneur du dict lieu de la Jarrye, du Broeil, la Mothe Fouquerand, du fief Thaveau, du Vergier, près Aspremont, baille et rend noble homme Yves Demayre sieur du Coing de la somme des deniers cy après contenus que luy auriez faict bailler et délivrer pour employer au voyage d'Italie que le dict Demayre commança le quatriesme jour de may dernier mil cinq cens soixante et treze pour faire perquisition de la mort de noble et puyssant Gilles Chastigner vivant seigneur des dictes seigneuries de la Mothe et du Broeil, accompagné, le dict Demayre de noble homme Jehan Naullon, sieur de la Chauvetyère et de Allaman Dypousche cytadin de la ville de Boulloigne[2] la grasse en Italye. Tendant le dict Demayre ad que ledict compte veu et examine les receptes et mises contenues es chapitres et articles cy après luy soyent allouées et ce faisant qu'il soyt et demeure deschargé de la dite somme saufve à augmenter ou diminuer ou il appartiendra pour non estre iceluy Demayre à l'advenir ni lessiens aulcunement ténu pour à quoy parvenir dict ce que s'en suyt[3].

Premièrement que au moys de mars dernier mil cinq cent soixante et treze furent apportées nouvelles par le dict sieur de la Chauvetyère, le dict Dypousche et serviteurs qu'avoir

[1] Il fut chevalier de l'ordre du Roi et gentilhomme de la chambre de Sa Majesté ; c'est vers l'année 1570 qu'il avait épousé Nicole Chasteigner. Ses armes : *de geules, semé de chausse-trapes d'or (ou d'argent) à l'aigle d'or*. (Beauchet-Filleau, *Dict. des Fam. du Poitou*, 2e éd., t. I, p. 369-375.

[2] Bologne.

[3] Bibl. Nat., Cab. des Titres, Nouv. d'Hozier, vol. 92, dos : 1801, fol. 58.

l'année auparavant mené le dict feu sieur du Broeil avecq luy en Italye que icelluy sieur du Broeil avoyt esté tué s'en retournant de Bouloigne[1] la Grasse en France.

Ce qu'ayant été sceu et entendu par vous mondict seigneur auriez pour en faire deue perquisition depesché et envoyé les dicts sieurs du Coing et de la Chauvetyére avecq ledict Dipousche jusques aux lieux de Plaisance et de Bouloigne en Italye et à ceste fin baillé et délivré la somme de douze cent livres dix huict sols tournois en espèces que sen suyvent dont il tient compte.

CHAPITRE DE RECEPTE

Et premier tyent estat et compte le dict Demayre de cent unze escus sol à cincquante six sols tournois pièce
vallans. . . . . iij^c x^{lts} xvj sols.

Item de cent et ung escus pistollets à cinquante quatre sols pièce,
vallans . . . . ij^c lxxij^{lts} xiiij^s

Item de vingt quatre doubles dueats mille raix à six livres six sols tournois pièce,
vallans. . . . . vij^{xx} xj^{lts} iiij^s

Item de huict ducats à testes à soixante cincq sols tournois pièce,
vallans . . . . xxvj^{lts}

Item de sept vingts et une demyes impérialles à quarante quatre sols pièce,
vallans. . . . . iij^e x^{lts} iiij^s

Item de vingt doubles ducats à deux testes à six livres dix sols pièce,
vallans. . . . . vj^{xx} x^{lts}

Le tout revenant à la dicte somme de douze cents livres dix-huict sols tournois.

[1] Bologne.

CHAPITRE DE MISES

Sur lesquelles sommes cy dessus requiert le dict Demayre luy estre allouées et desduictes les mises cy après contenues.

Premièrement, en allant au dict voyage d'Italye avecque les susdicts Naullon et Dipousche pour la disnée en bourg du Luc[1], le quatriesme jour du moys de may dernier, mil cincq cens soixante et treze fut payé :

xxxvj sols.

Item pour la couchée à Torfou[2] :

xlvij sols.

Plus le lendemain cincquiesme jour du dict moys pour la disnée à Beaupreau[3].

xliiij sols.

Item pour la couchée du dict jour, à Challonne[4].

lx sols.

Pour passer la rivière de Loyre en quatre endroicts le dict jour fut payé.

vj sols.

. Item pour la journée entyere le sixiesme du dict moys parce que le dict sieur du Coing se trouvoit mal aux Ponts de Sé[5].

cv sols.

. Pour faire rhabiller la ceile du cheval du dict sieur de la Chauvetyere.

vj sols.

Item le septiesme jour du dict moys pour la disnée aux Rosiers[6].

xlij sols.

Pour la couchée à Chauzé[7].

lxiiij sols.

---

[1] Actuellement les Lucs-sur-Boulogne (Vendée), canton du Poiré-sur-Vie, arrondissement de la Roche-sur-Yon.

[2] Torfou (Maine-et-Loire), canton de Montfaucon, arrondissement de Cholet.

[3] Beaupreau (Maine-et-Loire), ch.-l. de canton, arrondissement de Cholet.

[4] Chalonnes (Maine-et-Loire), ch.-l. de canton, arr. d'Angers.

[5] Les Ponts-de-Cé (Maine-et-Loire), ch.-l. de canton. arr. d'Angers.

[6] Les Rosiers-sur-Loire (Maine-et-Loire), arr. et canton de Saumur.

[7] Chouzé (Indre-et-Loire), arr. de Chinon, canton de Bourgueil.

Item pour faire accoustrer le bas des chausses du dict sieur de la Chauvetyere, douze boutons au pourpoint d'Allaman et pour oster le passement d'argent qui estoit sur l'accoustrement du dict sieur du Coing parce qu'il estoit deffendu par édict du roy d'en porter et pour deux douzaines de boutons de fil blanc mys au pourpoint du dict sieur du Coing.

xx sols.

Item pour la disnée du huictiesme jour dudict moys à Langeays[1].

xlvj sols.

A passer la rivière de Loyre.

vj sols.

Item pour la couchée à Tours.

lxxij sols.

Pour un fer et ung relevé au cheval du dict rendant compte et à la jument d'Allaman.

vj sols.

Item le neuflesme jour pour la disnée à sainct Martin[2] Beau.

xlv sols.

Item pour la couchée du dict jour à Montrichart[3].

iiij lts.

Pour le passage de la rivière au pont de Saudre[4] ledict jour.

ij sols.

Item pour la disnée du dixiesme jour à Celles[5] en Berry.

xlv sols.

Item pour la couchée à Mennetou sur Cher[6].

lxvj sols.

Item l'unziesme jour pour la disnée à Meun[7].

xlv sols.

Item à Bourges pour la couchée du dict jour.

iiij livres tournois.

[1] Langeais (Indre-et-Loire), ch.-l. de canton, arr. de Chinon.
[2] Saint-Martin-le-Beau (Indre-et-Loire), canton d'Amboise, arr. de Tours.
[3] Montrichard (Loir-et-Cher), ch.-l. de canton ; arr. de Blois.
[4] Pont de Sauldre (Loir-et-Cher), commune de Billy.
[5] Selles-sur-Cher (Loir-et-Cher), arr. de Romorantin, chef-lieu de canton.
[6] Mennetou-sur-Cher (Loir-et-Cher), ch.-l. de canton, arr. de Romorantin.
[7] Méhun-sur-Yèvre (Cher). ch.-lieu de canton, arr. de Bourges.

Item pour accoustrer la celle du cheval du dict sieur de la Chauvetyere et pour deux fers et deux clous aux chevaux des susdicts, à Bourges.

xiiij sols.

Item pour la disnée du douziesme jour du dict moys à Dun[1] le Roy.

xlv sols.

Item pour la couchée du dict jour à Couleuvre[2].

iiij ...

Item pour faire accoustrer le mors du cheval du dict sieur de la Chauvetyere.

xviij ds.

Item le treziesme jour au Pont de Lucé pour la disnée.

xlv sols.

A Moulins pour la couchée du dict jour.

iiij lts.

Item pour ung estrieu au dict sieur de la Chauvetyere.

vj s. vj ds.

Item pour une payre de sangleaux au dict Moulins et pour ung collier au cheval du dict Chauvetyere.

viij sols.

Item pour la disnée du quatorziesme jour à Varennes[3].

xlv sols.

Item à la Palisse pour la couchée du dict jour.

lxxv sols.

Item le quinziesme jour à Sainct-Germain[4] pour la disnée.

lxv sols.

A Rouannes pour le passage de la rivière de Loyre.

iiij sols.

[1] Dun-le-Roi, actuellement Dun-sur-Auron (Cher), ch.-l. de cant , arr. de Saint-Amand.

[2] Couleuvre (Allier), canton de Lurcy-Lévy, arr. de Moulins.

[3] Varennes-sur-Allier, ch.-l. de cant., arr. de la Palisse (Allier).

[4] Saint-Germain L'Espinasse (Loire), cant. de Saint-Aon-le Châtel, arr. de Roanne.

Item à Sainct-Saphorin[1] pour la couchée du dict jour.

lxxv sols.

Item pour la disnée du seziesme jour à la Bresle[2].

xlv sols.

Item à Lyon pour deux journées et une couchée à cause des grandes pluyes fut payé.

xiiij^lte iiij^s.

Pour faire blanchir les chemises du dict rendant compte et desdicts sieur de la Chauvetyeré et Allaman.

xii sols.

Item pour faire ferrer les chevaulx des susdicts.

xxij sol.

Item à ung homme qui auroit mené la jument du dict Allaman jusques à la Verpeillère[3] parce que le dict Allaman s'en estoit allé du dict Lyon au desceu dudict rendant compte tant pour la despense que sallayre du dict homme fut baillé.

xxvij sols.

Item pour la despense dudict Allaman à lad. Verpeillère après que les dicts rendant compte et Chauvetyère l'eurent trouvé.

xxv sols.

Pour deux payres de gands ausdicts rendant compte et sieur de la Chauvetyère.

x sols.

Item de dixneuflesme jour, à la dicte Verpeillère[4] pour la disnée.

xxxvj sols.

Pour deux fers à la jument du dict Allaman.

vj sols.

Item le dict jour, pour trois guydes pour guyder le dict rendant compte et les susdicts à passer trois rivières parce qu'elles estoient desbordées.

vj sols.

----

1 Saint-Symphorien-de-Lay (Loire), ch.-l. de canton, arr. de Roanne.
2 L'Arbresle (Rhône), ch.-l. de cant., arr. de Lyon.
3 La Verpillière (Isère), chef-lieu de cant., arr. de Vienne.
4 La Verpillière.

Item à la Tour du Piu pour la couchée.

lvj sols.

Item le vingtiesme jour du dict moys au pont de Beauvoisin[1] pour la disnée.

xlij sols.

Pour ung homme à guydder pour passer une rivière.

vj sols.

Item pour quatre fers et ung relevé aux chevaux des susdicts.

xiiij sols.

Item à Chambery pour la couchée du dict jour.

lxx sols.

Pour ung poetral et deux boucles et pour embourrer les celles des sieurs de la Chauvetyère et Allaman.

xij sols vj deniers.

Item pour la disnée du vingt unyesme jour à Aiguebelle[2].

xlv sols.

Item à la Chambre[3] pour la couchée dudict jour.

lxxviij sols.

Item le vingt-deuxiesme jour à Sainct Michel[4] pour la disnée.

xxxvj sols.

Item à Modenne[5] pour la couchée.

lxvj sols.

Item pour la disnée à Lannebourg[6] le vingt-troisiesme jour.

xxxix sols.

Item pour trois chevaux à passer le Mont-Cenys.

xxxvj sols.

Item pour trois marrons à conduyre les chevaux des susdicts à la descente de la Montagne.

vj sols.

[1] Le Pont-de-Beauvoisin (Savoie), ch.-l. de cant., arr. de Chambéry.
[2] Aiguebelle (Savoie), ch.-l. de cant , arr. de Saint-Jean-de-Maurienne.
[3] La Chambre (Savoie), ch.-l. de cant., arr. de Saint-Jean-de-Maurienne.
[4] Saint-Michel (Savoie), ch.-l. de cant , arr. de Saint-Jean-de-Maurienne.
[5] Modane (Savoie), ch -l. de cant., arr. de Saint-Jean-de-Maurienne.
[6] Lanslebourg (Savoie), ch.-l. de cant., arr. de Saint-Jean-de-Maurienne.

Item pour la couchée à la Non[1] Valoize.

lxvj so¹s.

Item le vingt-quatriesme jour pour la disnéc à Sainct-Ambroys[2].

xxx x so¹s.

Item pour la couchée et pour la disnée du landemain vingt-cincquiesme jour dudit moys à Thurin[3].

iiij[lb] x².

Item pour eschanger la celle du dict sieur de la Chauvetyère.

lvj so¹s.

Item pour la couchée du dict jour à Poirin[4].

lxiiij so¹s.

Item pour embourrer la celle du cheval du dict Chauvetyère et pour luy blanchir une chemise.

viij sols vj deniers.

Item le vingt sixiesme jour pour la disnée à Ast.

xlij sols.

Item à Féllissan[5] pour la couchée du dict jour.

lvj so¹s.

Item pour la disnée du vingt septiesme-jour à Tortonne[6].

lvj sols.

Item pour ungfer à la jument d'Allaman.

iij sols.

Item pour le passage d'une rivière.

iij sols.

Item pour la couchée à Dangueres[7].

lvj sols.

Item le vingt huictiesme jour pour la disnée à Casel[8] Sainct Jouan.

xlvj sols.

[1] Novalesa.
[2] S. Ambrogio.
[3] Turin.
[4] Poirino.
[5] Félizzano.
[6] Tortona.
[7] Voghéra.
[8] S. Giovani.

Item à Plaisance pour la couchée et pour trois journées et demye six escus sol en par ce.

xxviij^{lt}...

Item au greffier de Plaisance pour arres pour faire le procès du saccagement du dict feu sieur du Broeil de deux gentilshommes que le duc de Parme feit prandre par soupson dudict saccagement et meurdre leur feit bailler tant d'astrapades et aultres tortures qu'ils en sont demourez estropiez et n'ont touttefois rien confessé dudict meurdre fut payé.

cxij sols.

Item despuys ay laissé à ung gentilhomme dudict Plaisance qui parle fransoys et promeyt audict sieur du Coing, solliciter et lever le dict procès dudict greffier, quatorze escus et par ce.

xxxix^{lt} iiij^s.

Item pour une carroche qui mena les dicts rendant compte et de la Chauvetyère, ung greffier de la cour de Plaisance, Allaman et ledict gentilhomme de Plaisance au lieu où fut commys l'homicide dudict feu sieur du Broeil distant dudict Plaisance d'ung mil et demy pour faire la perquisition et s'enquérir avecque les voisins dudict homicide comme appert par le procès fut payé.

xx sols.

Item à deux-sergents qui furent et assistèrent avecque les susdicts au lieu où a esté faict ledict homicide tant pour leur vacation que despense.

xxxvj sols.

Item à la porte et entrée de la ville de Plaisance pour la dasse des trois. Sçavoir : ledict rendant compte, Chauvetyère et Allaman.

vj sols.

Pour blanchir les chemises des susdictz.

ix sols.

Item le mardy second jour de juing dudict an pour la disnée au bourg de Sainct-Dominin[1].

xl^s vj^d.

[1]. B^g S. Domino.

Item à Parme, pour la couchée.

lvj^s vj^d.

Item le tyers jour pour la disnée à Raige[1].

xlvj sols.

Item à la porte dudict Raige pour la dasse ou coustume.

iiij^s vi^ds.

Item à deux passages de rivières.

ix sols.

Item[2] à Castel Franc pour la couchée.

lx sols.

Item le quatriesme jour à Bouloigne[3] près la porte de la dicte ville pour la disnée.

. lvij sols.

Item audict Bouloigne pour six journées pour la nourriture desticts rendant compte, Chauvetyere et Allaman auparavant qu'ils se meissent en pension quatre escus sol par ce.

xj^u iiij^s.

Item au procureur et conseil du dict rendant compte, au dict Bouloigne le lundy huictiesme jour dudict moys de juing fut baillé dix escus sol, par ce.

xxviij ^u.

Item au prevost qui a prins et constitué prisonnier le dict Allaman fut baillé deux escuz par ce.

cxij sols.

A l'enquesteur qui a oy le dict rendant compte Chauvetyero et ung lacquays contre et sur la cognoissance du dict Allaman deux escus sol, par ce.

cxii sols.

Item à celluy qui presenta au dict enquesteur les susdicts pour estre oys et les mena à l'audition deux escus sols, par ce.

cxii sols.

Item pour deux bancquets qui furent faicts par les susdicts

[1] Reggio.
[2] Castel-Franco.
[3] Bologne.

pour leur bienvenue aux gentils hommes amys dudict feu seigneur du Broeil audict lieu de Bouloigne, cincq escus sols, par ce.

xiiij ͭˢ.

Item le sabmedy sixiesme jour dudict moys de juing fut baillé par le dict Rendant compte à ung tailleur de Bouloigne de debtes que ledict feu sʳ du Broeil debvoyt dont vous mondict seigneur auriez baillé charge de ce faire vingt-cincq escus sol et aultres vingt-cincq escus a un marchand du dict Bouloigne dont les dicts sieurs de Palluau estoient pleges garants pour ledict sʳ du Broeil, par ce en tout.

vij×× ͭˢ lx (*).

Plus auroit esté payé par ledict rendant compte à messire Pierre Luguays pour ung cheval que ledict Chauvetyère avoit emmené en France par le commandement dudict feu sieur du Broeil, trante escus sols par ce.

iiij×× iiij ͭ

Plus au notayre qui avoyt passé le testament dudict feu, sʳ du Broeil, pour en avoir une grosse, douze escus sol et quatre sols tournoys par ce.

xxxiij ͭˢ xvj˟

Plus à l'hostesse des susdicts, rendant compte, et Chauvetyère, pour l'advence de la pension d'ungs moys six escus sol en par ce.

xvj ͭˢ xvj˟.

Plus l'unziesme jou... dudict moys fut payé par ledict rendant compte à son conseil audict Bouloigne seze doubles les ducats à testes par ce.

ciiij ͭˢ.

Item pour les chevaulx tant en foing que avoyne pour dix journées de deux chevaulx, trois escus et demy par ce.

ix ͭˢ xvj˟

Item à l'hostesse dudict Bouloigne pour une buée qu'elte jura audict rendant compte avoir faict pour le dict seigneur du Broeil.

xxv sols.

Pour les collations et extraordinaires desdictz rendant compte et Chauvetyère, et pour les aguillettes aux serviteurs d'estable et chambrières du logis, deux escus sols, par ce.

cxij sols.

Item encores pour aultre avoyne pour lesdicts chevaulx auparavant qu'on en feist provision sellon l'article cy dessus — dix testons par ce.

vj lts

Plus pour une main de papier, trois solz.

Item pour une payre de chausses de toille et une payre de soulliers pour le lacquays a esté payé.

xxxvj sols.

Pour la ferreure des chevaulx dudict rendant compte et dudict Chauvetyère et pour mediciner le cheval dudict Chauvetyère.

xx sols.

LE RETOUR DUDICT VOYAGE DE BOULOIGNE

qui fut le quinziesme jour dudict moys de juing 1573.

Et premier pour le passage de la rivière qui est entre Bouloigne et Modennes et qui fait séparation de la terre du Pape et du duc de Parme fut payé.

iij sols.

Item audict Modennes' pour la couchée dudict rendant compte et son lacquays a esté payé huit réalles, par ce :

xxxvj sols.

Pour le passage d'une rivière.

iij sols vj ds.

' Modènes.

Item à Raige[1] le seziesme jour pour la disnée quatre réalles et demye.

xx sols iij den.

A la porte dudict Raige, pour la dasse.

ij sols vj den.

Item à une rivière pour le passage.

iij sols vj den.

A Parme pour la couchée du dit jour six réalles et demye

xxix sols iij den.

Item pour le passage de deux rivières en dassè, le dict jour fut payé deux réalles par ce.

ix sols.

Item au bourg Sainct-Dominin[2] pour la disnée du dix septiesme jour dudict moys quatre réalles et demye par ce.

xx sols iij deniers.

Item à Plaisance pour la couchée du dict jour et disnée du lendemain fut payé ung escu sol, par ce.

lvj sols.

A la porte du dict Plaisance, pour la dasse.

iiij sols.

Item pour le passage d'une rivière.

xij deniers.

Le dixhuictiesme jour dudict moys à Lastradelle[3] pour la couchée huict réalles par ce.

xxxvj sols.

Item le dixneuflesme à Pontheciom pour la disnée six réalles et demye.

xxix sols iij den.

Pour ung passage de rivière.

iiij sols vj den.

Item pour la couchée dudict jour à Alexandrie huict réalles par ce.

xxxvj sols.

[1] Reggio.
[2] Bre de San Domino.
[3] Stradella.

Item pour la disnée du sabmedy vingtiesme jour dudict moys à Ast, six réalles par ce.

xxvij sols.

Item pour la couchée du dict jour à Poirin[1] sept réalles et demye, par ce.

xxxiij sols ix den.

Le vingt ungième jour à Thurin[2] pour la disnée six réalles par ce.

xxvij sols.

Item à Veillasne[3] pour la couchée sept réalles et demye par ce.

xxxij sols ix den.

Le lundi vingt deuxiesme jour du dict moys pour la disnée à Suze.

xviij sols.

Item pour ung fer et pour faire rhabiller la celle du cheval dudict rendant compte à Susze.

viij sols.

Ledict jour à la Nonvaloyse[4] pour la colation et ung relevé audict cheval.

vij sols vj den.

Item pour ung cheval à passer le dict rendant compte le Mont Cenys.

xv sols.

Item pour la couchée dudict jour à Lannebourg[5].

xxxiij sols.

Item le vingt-troisiesme jour du dict moys pour la disnée à Sainct-André[6].

xvj sols.

Pour la couchée à Sainct-Michel.

xxv sols.

[1] Poirino.
[2] Turin.
[3] Avigliana.
[4] Novalesa.
[5] Lanslebourg.
[6] Saint-André (Savoie), cant. de Modane, arr. de Saint-Jean-de-Maurienne.

Item pour faire ferrer le grand cheval,

xvj sols.

Pour ung collier de cuir audict cheval.

xv sols.

Item à la dame de l'Escu de France hostesse au dict Sainct-Michel pour la despence dudict grand cheval pour six vingts quatre journées à dix sols pour chacun jour et vingt-quatre testons et huict sols que le dict Chauvetyere debvoit de despense à la dicte dame se monte le tout.

lxxvij^lis, viij sols.

Plus au mareschal qui a pensé et médicamenté le dict cheval de la blessure d'un coup de pied quatre escus sol, par ce.

.....iiij sols.

Item cincq sols au dict mareschal pour quatre relevez au dict cheval, par ce.

v sols.

Item aux varlets d'estable qui ont traicté et pensé le dit cheval.

xxxvj sols.

Pour accoustrer la couverte du dict grand cheval et ung collier pour le cheval dudict rendant compte.

vi sols.

Item le vingt quatriesme jour du dict móys pour la disnée à la Chambre.

xxv sols.

Pour la couchée à Ayguebelle[1].

XL sols.

Item à Mommelion[2] pour la disnée du vingt cincquiesme dudict moys.

xxiiij sols.

Pour faire carreler les bottes dudict rendant compte et

[1] Aiguebelle.
[2] Montmélian (Savoie), chef-lieu de canton, arr. de Chambéry.

accoustrer les soulliers dudict lacquays audit Mommelion[1] fut payé.

xv sols.

Item pour la couchée dudict jour à Chambéry.

xliiij sols.

Le vingt sixiesme jour dudict moys au pont de Beauvoisin pour la disnée.

xxiiij sols.

Pour la couchée du dict jour à la Tour-du-Pin.

xlviij sols.

Item pour une collation faicte sur le chemin à cause de la grande challeur.

vj sols.

Pour la disnée du vingt septiesme jour de la Verpeillere[2] fut payé.

xxiiij sols.

Item à Lyon pour la couchée dudict jour et pour le lendemain fut payé.

cxv sols.

Pour une payre de soulliers audict rendant compte.

xvj sols.

Item pour un sourfaix une courroye et ung coessinet à la celle du cheval dudict rendant compte pour attacher et porter ses pistolles.

xij sols.

Plus audict Lyon pour une livre de pouldre à canon.

xij sols vj den.

Le lundy vingt-neuflesme jour du dict moys de juing pour la disnée à La Bresle[3].

xxvij sols vj den.

Item pour la couchée du dict jour à Tarrare[4].

xliiij sols.

[1] Montmélian.
[2] La Verpillière.
[3] L'Arbresle.
[4] Tarare (Rhône), ch.-l. de cant., arr. de Villefranche-sur-Saône.

Pour la disnée du dernier jour du dict moys à Rouannes[1].

xxvj sols.

Item pour le passage de la rivière de Loyre.

v sols.

Pour ung fer au cheval du dict rendant compte.

iij sols.

Item pour la couchée du dict jour à la Pasquaudière[2].

xlvj sols.

Le premier jour du moys de juillet à la Pallisse[3] pour la disnée.

xxvj sols.

Item pour la couchée du dict jour à Varenne[4].

xlvj sols.

Pour la disnée du deuxiesme jour à Moulins en Bourbonnoys.

xxx sols.

Item pour deux fers au dict grand cheval.

x sols.

Pour faire accoustrer le mors du dict grand cheval.

xij sols.

Item pour la couchée au pont de Lussé.

L sols.

Le troisiesme jour du dict moys, pour la disnée à Couleuvre.

xxx sols.

Item pour ung relevé au cheval du dict rendant compte.

xviij den.

Pour une collation sur le chemin et pour deux mesures d'avoyne à cincq sols la mesure.

xvj sols.

Item pour la couchée du dict jour à Dun-le-Roy.

lij sols.

Le quatriesme jour du dict moys pour la disnée, à Bourges.

xxxvj sols.

[1] Roanne.
[2] La Pacaudière (Loire), ch.-l. de cant., arr. de Roanne.
[3] La Palisse.
[4] Varennes-sur-Allier.

Item pour accoustrer le capuchon et un fer au dict grand cheval.

iiij sols.

A Meun[1] pour la couchée du dict jour.

lvij sols.

Le dimanche cincquiesme jour du dict moys pour la disnée à Mennetou-sur-Cher.

xxxij sols.

Item pour la couchée à Celles[2] en Berry.

lxij sols.

Pour la disnée du sixiesme jour à Montrichart.

xxxii sols.

Item pour une payre d'estrivières et une payre de rennes et aultre habillage à celle du cheval du dict rendant compte.

xxiiij sols.

Lé dict jour à Mont-Louys[3] pour la couchée.

L sols.

Item pour tout le septiesme jour à Tours.

iiij[lts] iiij sols.

Pour une paire de chausses de toille audict lacquays.

xxvj sols.

Item à ung Messagier pour vous porter mondit S[r] des lettres à Paris.

viij sols.

Le huictiesme jour à passer les rivières de Loyre-et du Cher.

vj sols.

Pour la disnée dudict jour à la poste de la Félonnière.

xxxv sols.

Item à Chauzé[4] pour la couchée.   xl sols.

Le neuflesme jour dudict moys pour la disnée aux Roziers[5].

xxx sols.

[1] Méhun-sur-Yèvre.
[2] Selles-Sur-Cher.
[3] Mont-louis (Indre-et-Loire), canton et arr. de Tours.
[4] Chouzé.
[5] Les Rosiers-sur-Loire

Pour une colation entre les dicts Roziers et la Daguenière.

iij sols.

Item pour la couchée du dict jour à la Daguenière[1].

xlvj sols.

Au Pont de Sé[2] pour la disnée du dixiesme jour.

xxx sols.

Pour la couchée du dict jour à Chemillé[3].

xl sols.

L'unziesme jour du dict moys pour la disnée à la Romaigne[4].

xxv sols.

Pour la couchée dudict jour à Sainct[5] Georges de Montagu.

xl sols.

Item pour faire accoustrer le mors du dict grand cheval.

ij sols.

Item pour les collations dudict lacquays.

xl sols.

Item auroit ledict rendant compte faict droisser le present compte et pour ce auroit payé tant pour la mynute que grosse deux escus sols par ce.

cxij sols.

Plus fut baillé et délaissé par le dict rendant compte audict sieur de la Chauvetyere à Bouloigne[6] lors de son partement huict ducats à testes, huict escus sols, soixante demyes impérialles et vingt-deux doubles ducats mille raix le tout faisant la somme de trois cens dix-neuf livres tournois par ce.

iij^c xix ^{lis}.

FIN

[1] La Daguenière (Maine-et-Loire), cant. des Ponts-de-Cé, arr. d'Angers.
[2] Les Ponts-de-Cé.
[3] Chemillé (Maine-et-Loire), ch.-l. de cant., arr. de Cholet.
[4] La Romagne (Maine-et-et-Loire), cant. de Montfaucon, arr. de Cholet.
[5] Saint-Georges de Montaigu (Vendée), canton de Montaigu, arr. de la Roche-sur-Yon.
[6] Bologne.

Vannes. — Imprimerie Lafolye, 2, place des Lices.